Mini se déguise

RETROUVEZ Mini
DANS LA BIBLIOTHÈQUE ROSE

Mini a un nouveau grand-père

Mini aux sports d'hiver

Mini et Max le chat

Mini s'occupe de tout

Mini au bord de la mer

Mini détective

Mini est la meilleure

Mini change d'école

Mini n'est pas froussarde

Mini se déguise

Christine Nöstlinger
Prix Hans Christian Andersen

Mini se déguise

Illustrations de Claire Le Grand

Traduction de Marie-Claude Auger

HACHETTE

L'édition originale de ce roman
a paru en langue allemande chez
DACHS-VERLAG GMBH, Vienne,
sous le titre :
MINI WIRD ZUM MEIER

Hachette Livre, 43, quai de Grenelle, 75015 Paris.

Mini se déguise

Voici Hermine Dubois, que tout le monde appelle Mini.

Elle est en C.P., depuis six mois déjà.

À l'école, Mini a beaucoup d'amies et d'amis.

Sa meilleure amie s'appelle Chloé. Dans la classe, elles sont installées l'une à côté de l'autre.

Mais elle a aussi une ennemie, Cornélia, qui est assise juste devant elle.

Cornélia est vraiment mauvaise et Mini ne sait pas pourquoi. Elle ne lui a jamais rien fait.

Cornélia est assise à côté

de Vincent. Quand Mini répond particulièrement bien et que la maîtresse la félicite, Cornélia ne manque pas de chuchoter à Vincent :

« Elle a tout appris par cœur pour se faire remarquer. »

Mais si jamais Mini ne sait pas répondre à une question de la maîtresse, alors Cornélia s'empresse de glisser à l'oreille de Vincent :

« Qu'elle est bête ! Elle ne sait même pas les choses les plus faciles ! »

Au gymnase, quand Mini gagne à la course, Cornélia dit aux autres enfants :

« Ce n'est pas étonnant, avec ses deux grandes cannes, elle est avantagée. »

À la sortie de l'école, quand il y a du vent, Cornélia lui crie :

« Fais attention de ne pas t'envoler, avec tes jambes en fil de fer!!! »

Et cela attriste beaucoup Mini. Quelquefois, quand elle rentre chez elle, elle se met même à pleurer à cause de Cornélia.

Félix, son frère, la secoue :

« Eh bien, ma vieille, ne te laisse pas démolir comme ça ! Il faut être plus solide ! »

Mais Mini n'y arrive pas. Et Félix ne sait pas non plus lui expliquer comment faire pour être plus solide.

Son papa et sa maman lui conseillent :

« Tu pourrais peut-être essayer d'être très gentille avec elle ! Quand on est gentil avec eux, les gens

méchants sont souvent complètement désarmés. »

Aussi Mini essaya-t-elle d'être très gentille.

Mais cela ne marcha pas du tout ! Un jour, juste avant la récré, Cornélia dit à Vincent :

« Zut ! J'ai oublié mon goûter à la maison ! »

Alors, Mini sortit une pomme de son cartable et la posa sur le bureau de Cornélia en disant :

« Tu peux la manger si tu veux. Moi, je n'ai pas faim. »

Ce qui n'était pas vrai du tout : elle avait une faim de loup !

Un moment, elle a cru que la gentillesse allait l'emporter sur la méchanceté. Cornélia en effet était restée bouche bée et avait regardé Mini avec des yeux ronds. Elle lui avait même dit : « Merci ! »

Mais une minute plus tard, elle a lancé la pomme sur le pupitre de Mini en s'écriant :

« Tu peux garder tes cochonneries ! »

Parce qu'il y avait un ver dans la pomme ! Mais Mini ne pouvait pas le savoir !

Chloé avait proposé à Mini une autre ruse pour lutter contre la méchanceté de Cornélia :

« Moque-toi d'elle à ton tour ! Cela la fera taire ! »

Il y aurait eu en effet toutes les raisons de se

moquer de Cornélia ! Elle est plutôt ronde et, sur le ventre, elle a des bourrelets qui ballottent quand elle court. On pourrait la traiter de « gélatine ». Ou bien de « feuilles de chou » car elle a de grandes oreilles décollées.

On pourrait aussi se moquer d'elle à cause de Meyer. Meyer est aussi grand et aussi maigre que Mini. Son prénom est

Maxime et personne ne sait exactement pourquoi on l'appelle par son nom de famille. Peut-être parce qu'il y a un autre Maxime dans la classe? Pour ne pas les confondre. Peut-être aussi parce que, quand on lui demande comment il s'appelle, il répond toujours :

« MEYER Maxime ! »

Meyer très fort, et Maxime presque tout bas.

Or, Cornélia est amoureuse de Meyer. Elle n'arrête pas de tourner autour de lui, devient toute rouge quand elle lui parle. Elle a les yeux brillants comme des paillettes et une voix toute douce !

Elle dessine des cœurs sur son pupitre avec un M au milieu. Mais son amour pour Meyer n'est pas un

amour heureux. Maxime ne remarque même pas qu'elle est amoureuse de lui. Il ne s'intéresse pas du tout aux filles.

Il y aurait donc là de quoi se moquer d'elle. Mais ce n'est pas le genre de Mini. Elle dit à Chloé :

« Si je faisais cela, je serais aussi méchante qu'elle ! »

Chloé trouverait cela très bien justement ! Elle répond à Mini :

« Œil pour œil, dent pour dent ! »

Ou bien :

« C'est un prêté pour un rendu ! »

Mais Mini ne se laisse pas influencer, elle ne veut pas devenir mauvaise.

« D'ailleurs, je ne peux pas, explique-t-elle à Chloé, j'ai déjà essayé une fois de lui dire : "grosse dondon", mais je n'y suis même pas arrivée !

— O.K.! Puisque tu es si délicate, tu n'as plus qu'à souffrir en silence! »

Mais un beau matin, au début du mois de février, Alexandre arriva dans la classe avec des enveloppes bleu ciel qu'il distribua pendant la récréation. Il y en avait dix-sept. Mini, Chloé, Cornélia et Meyer étaient de ceux à qui Alexandre remit une enveloppe. À l'intérieur de chaque enveloppe, il y avait des confettis et une invitation qu'Alexandre avait décorée lui-même. Il marmonna aussi qu'il les avait écrites lui-même mais elles étaient si bien écrites que personne ne le crut.

Sur l'invitation de Mini, on pouvait lire :

Chère Mini,

Je t'invite à une fête chez moi le 13 02 à 15 heures. Il

faudra te déguiser mais ne dire à personne en quoi tu te déguises. Le clou de la fête sera de deviner qui se cache derrière chaque déguisement. Il y aura des prix !!!

Je serais très content que tu viennes.

Alexandre.

Tous les enfants surent garder le secret. Même Mini et Chloé ne se racontèrent pas en quoi elles allaient se déguiser. Mini n'en parla qu'avec sa maman et sa mamie.

Sa première idée avait été de se déguiser en Belle au bois dormant.

Mais mamie était opposée à cette idée.

« Sais-tu qu'elle a une robe incrustée de petites roses ? De jolies petites roses que l'on ne peut faire soi-même et qui coûtent très cher, bien trop cher !

— O.K. ! Je vais me déguiser en ours ! dit Mini. Il y a des masques d'ours au bureau de tabac. Et je mettrai le manteau de fourrure synthétique de maman. »

Cette fois, c'est maman qui n'était pas d'accord :

« Tu vas mourir de chaleur !

— Alors, dit Mini, je pourrais me déguiser en Batman ?

— À quoi ressemble-t-il ? » demanda mamie.

Comme mamie ne connaissait pas Batman, Mini lui montra une photo. Mamie eut un choc et s'exclama :

« On dirait une chauve-souris ! Et puis ce n'est pas un costume facile à confectionner !

— Eh bien, conclut Mini, je vais me déguiser en gangster ! »

Mais sa mère n'était absolument pas d'accord !

« Les gangsters portent des armes ! »

La mère de Mini n'aime pas les revolvers, ni les pistolets, ni les fusils, même pas les sabres et les flèches. Bref, toutes ces choses qui peuvent faire mal.

« Maintenant, je suis à court d'idées! fit remarquer Mini.

— Moi, j'en ai une! s'écria mamie.

— Quoi donc? » demanda Mini en regardant sa grand-mère d'un air méfiant.

En effet, Mini n'a pas vraiment les mêmes goûts qu'elle.

« Tu pourrais te déguiser en flocon de neige ! dit mamie.

— Ça, c'est une bonne idée ! ajouta maman.

— C'est comment, un flocon de neige ? demanda Mini.

— C'est très très mignon, lui répondit mamie.

— Laisse faire ta grand-mère, elle va te fabriquer un costume très sympa, j'en suis sûre ! » reprit maman.

Mini se doutait bien de la raison du choix de mamie. Elle avait, en effet, dans son armoire plusieurs mètres de tulle blanc dont elle ne faisait rien et elle avait souvent dit à maman :

« Si seulement j'avais une idée de ce que je pourrais faire de ce tissu ! »

Eh bien voilà ! Elle l'avait maintenant, son idée !

Mamie était emballée et rêvait déjà de son flocon de

Singer

neige. Finalement, Mini se dit :

« Ce n'est pas une mauvaise idée ! »

Une semaine avant la fête chez Alexandre, Mini et Chloé allèrent toutes les deux à la patinoire. Elles y rencontrèrent beaucoup d'enfants de leur classe. En particulier Meyer et Cornélia. Et Alexandre et Julien. Et Marion et Sandra.

Dans un coin, Marion apprenait à Mini comment patiner à reculons.

Mini ne se souciait pas du tout de Cornélia. Elle était bien contente que cette dernière soit assez loin et qu'elle la laisse patiner tranquille. Mais soudain, son attention fut attirée par Cornélia qui patinait en rond tout en criant d'une voix perçante :

« Ah, ah ! Moi, je sais ! Un secret ! Je l'ai entendu ! »

Tous les enfants coururent vers Cornélia et lui demandèrent ce qu'elle avait entendu. Mais Cornélia se contentait de ricaner en répétant qu'elle avait entendu un secret.

En sortant de la patinoire, Chloé confia à Mini :

« Je connais le secret de Cornélia !

— Pour de vrai ?

— Vrai de vrai ! Elle a espionné Meyer et sa sœur au vestiaire. Et ce qu'elle a entendu, je l'ai entendu aussi !

— Et c'est quoi ? demanda Mini, curieuse.

— Il s’agit du costume que Meyer va porter à la fête ! Il en parlait avec sa sœur ! Il a eu une idée vraiment marrante ! dit Chloé en riant.

— Tu me la dis? demanda Mini.

— Bien sûr! répondit Chloé. Il va se déguiser en princesse de harem! »

Mini et Chloé ne dévoilèrent leur secret à personne d'autre.

Cornélia, en revanche,

papotait à droite et à gauche :

« Tu peux garder un secret ? Je vais te dire quelque chose si tu me jures de ne le raconter à personne. Meyer... »

Et trois jours plus tard, toute la classe était au courant que Meyer allait se déguiser en princesse de harem.

La veille de la fête, mamie arriva avec le costume de

Mini. Mini l'essaya et le trouva très joli.

Mais Félix se tordit de rire en voyant sa sœur déguisée en flocon de neige.

« Hi, hi ! On ne dirait pas un flocon, on dirait une stalagmite en dentelles ! »

Et Félix riait en se tenant les côtes.

La joie qu'avait eue Mini en enfilant son costume s'envola d'un coup ! Maman,

mamie et papa eurent beau la rassurer :

« Ne l'écoute pas ! Il n'y connaît rien ! Il dit ça juste pour t'embêter ! »

Et Félix eut beau s'excuser, reconnaître qu'il avait été idiot :

« C'était une blague ! Une blague idiote ! Je ne pensais pas ce que je disais ! Il est super, ton costume ! »

Rien n'y fit. Mini ne pouvait plus s'empêcher de penser :

« Si Félix se moque de moi comme ça, qu'est-ce que ça va être avec Cornélia ! »

Mini téléphona à Chloé,

qui avait toujours de bonnes idées.

« Viens vite ! Sniff, sniff. Je suis très malheureuse ! Sniff ! »

Chloé arriva comme une fusée. Normal, pour une meilleure amie ! Mini lui raconta son histoire et Chloé l'écouta avec attention. Quand elle eut fini, Chloé lui dit :

« Écoute, Mini ! Moi, je trouve ce costume de flocon

de neige super-original ! »

Et Chloé enfila le costume.

« Évidemment, toi, ça te va, tu ne ressembles pas à une stalagmite ! » s'écria Mini.

Chloé réfléchit un moment, puis demanda :

« Un costume d'Arlequin, ça te conviendrait ?

— Bien sûr ! répondit Mini.

— Eh bien, tu n'as qu'à prendre mon costume d'Arlequin et, moi, je me déguiserai en flocon !

— Tu ferais ça pour moi ? s'exclama Mini.

— Naturellement ! répondit Chloé. Mais tu ne fais

pas une affaire ! C'est un vieux costume usé qui a déjà servi à toutes mes sœurs ! »

Ça, Mini s'en fichait. Elle aimait mieux porter un vieux costume que d'être la cible des moqueries de Cornélia.

Mamie fut un peu contrariée, bien entendu !

Mais mamie est si souvent contrariée ! Et au bout de quelques jours, c'est oublié. Mini n'avait donc pas de raisons de s'inquiéter pour sa grand-mère. Son papa et sa maman prirent sa défense et expliquèrent à mamie :

« Ne sois pas fâchée pour cela ! Il faut que Mini s'amuse à cette fête ! Tu ne voudrais pas lui gâcher son plaisir ! »

Mamie gémit encore un peu, elle s'était donné tant de mal. Tout ce travail pour rien ! Elle n'avait vraiment pas mérité cela !

Mais Chloé savait s'y prendre avec les grand-mères contrariées. Elle lui confia :

« Ce n'est pas pour rien ! Je suis contente, moi ! Je n'ai jamais porté un aussi beau costume ! »

Et mamie retrouva instantanément son sourire.

Chloé mit le costume de tulle et la petite couronne dans un sac, et elle rentra chez elle avec Mini qui repartit ensuite avec le costume d'Arlequin.

Il était bien un peu trop petit pour elle, surtout les

manches et le pantalon, mais quand on est un arlequin, cela n'a pas d'importance. Un arlequin doit être rigolo.

Le lendemain matin, à l'école, la maîtresse eut bien du mal à tenir sa classe !

Les enfants qui étaient invités à la fête n'arrêtaient pas de bavarder tout bas, de ricaner et ne tenaient pas en place. Impossible de se concentrer. Ils n'avaient pas la tête à lire ou à compter. Ils ne pensaient qu'à la fête.

« Qu'est-ce que vous avez aujourd'hui, les enfants ? demanda la maîtresse.

— C'est à cause de la fête, madame Parel ! expliqua Vincent.

— On est invités cet après-midi chez Alexandre, on doit venir tous déguisés ! précisa Julien.

— Et personne ne sait en

quoi les autres sont déguisés, raconta Meyer. Il faut garder le secret, jusqu'au moment où nous enlèverons les masques ! »

Les autres enfants se mirent à rire. Meyer fut très surpris car il ignorait que Cornélia l'avait espionné et avait tout raconté aux autres !

Il avait pourtant failli l'apprendre par la suite car, à la sortie de l'école, Cornélia avait dit devant tout le monde :

« Je me demande bien en quoi cette grande perche de Mini va se déguiser ! »

Et là, Chloé s'était écriée, indignée :

« Bien sûr ! Elle, tu n'as pas pu l'espionner, pauvre idiote ! »

Mais Meyer n'avait pas entendu. Il n'entendit pas non plus Marion ajouter :

« Cornélia va venir déguisée en vipère, à cause de sa langue ! Ou en sorcière ! »

Meyer n'entendait plus rien. Ses oreilles bourdonnaient curieusement. Il avait l'impression que sa tête allait éclater. Ses genoux tremblaient et il avait mal à la gorge.

Meyer ne s'occupa plus des autres enfants. Il rentra chez lui en se disant :

« Je vais aller m'allonger une heure. Comme ça, je serai en forme pour la fête cet après-midi. »

Mais quand il arriva chez lui, sa mère le trouva vraiment malade. Elle prit sa

température : il avait 39° de fièvre !

Alors elle le mit au lit et téléphona au docteur. Puis

elle voulut appeler chez Alexandre pour dire que son fils ne pourrait pas venir à la fête. Mais Alexandre s'appelait Joubert et, dans l'annuaire, il y avait une vingtaine de Joubert.

« Tu n'as qu'à le dire à Chloé, suggéra le pauvre Meyer à sa mère. Elle préviendra Alexandre. »

En effet, Chloé habite dans le même immeuble

qu'Alexandre, deux étages au-dessus…

La mère de Meyer grimpa donc les deux étages et pria Chloé d'excuser son fils auprès d'Alexandre. Chloé était vraiment désolée pour Meyer. Mais il lui vint une idée géniale. Elle demanda à la mère de Meyer :

« Je pourrais emprunter son costume de princesse de harem ?

— Si tu veux. Le pauvre n'en a pas besoin, dans son état !

— Merci mille fois ! » dit Chloé.

Elle descendit avec elle chercher le costume et téléphona à Mini de chez Meyer.

« Viens vite ! J'ai un costume formidable pour toi !

— Mais le costume d'Arlequin me convient tout à fait, répondit Mini.

— Quand tu vas voir le déguisement que j'ai emprunté pour toi, tu vas en

rester baba ! » lui assura Chloé.

Et elle riait tellement qu'elle ne put pas lui en

dire plus. Mini comprit juste quelques bribes de phrases : « La blague de l'année ! Une idée grandiose ! »

« D'accord ! J'arrive dans dix minutes ! »

Dans l'appartement de Meyer, Chloé aida Mini à s'habiller. La mère de Meyer dessina un grain de beauté sur la joue de Mini, juste à l'endroit où Meyer en avait un. Et elle ajouta :

« Il vaut mieux que tu

aies les ongles sales ! Ses ongles sont toujours sales ! »

De son lit, le pauvre Meyer contemplait la scène sans rien y comprendre. Et il avait trop de fièvre pour poser des questions !

Lorsque le petit flocon de neige et la grande princesse de harem sonnèrent chez Alexandre, beaucoup d'enfants étaient déjà arrivés. Ils portaient tous des masques. Mais Chloé et Mini reconnurent Cornélia au premier coup d'œil. Elle est la seule dans la classe à avoir tant de bourrelets !

Cornélia pensa aussi reconnaître Meyer au premier coup d'œil !

Elle attrapa Mini par le bras et l'entraîna dans le salon.

Pendant une heure, Mini dut danser avec Cornélia

qui la tenait tendrement enlacée. Mini lui marcha souvent sur les pieds. Sans le vouloir ! Mini n'est pas très douée pour la danse.

Mais Cornélia ne lui en voulut pas.

« Tu danses merveilleusement bien ! lui susurra-t-elle dans le creux de l'oreille. Je pourrais rester des heures comme ça dans tes bras ! »

Et Cornélia ne s'étonna pas du silence de la princesse de harem. À l'école non plus, Meyer ne parlait pas beaucoup.

Puis la mère d'Alexandre

convia tous les enfants à venir près du buffet qu'elle avait installé dans la chambre d'Alexandre.

Mini alla chercher un morceau de gâteau et du jus d'orange et s'assit sur le lit à côté de Chloé. Mais Cornélia ne tarda pas à la rejoindre.

« Laisse-moi me mettre là, c'est ma place ! » lança-t-elle en poussant Chloé pour s'asseoir entre les deux amies.

Puis elle chuchota à l'oreille de Mini :

« J'aimerais bien être placée à côté de toi en classe ! »

Mini se mordait les lèvres pour ne pas éclater de rire. Heureusement qu'elle portait un masque et un voile, sinon tout le monde l'aurait remarqué.

« Alors, insista Cornélia, tu es d'accord ?

— Sais-tu bien qui je suis ? Tu te trompes peut-être.

Peut-être que tu ne m'aimes pas du tout ! marmonna Mini.

— Si ! Je t'aime beaucoup, répondit Cornélia, qui que tu sois, belle princesse ! »

Les marmonnements de Mini ne ressemblaient guère à la voix de Meyer, mais comme celui-ci était enroué le matin à l'école, Cornélia ne fut pas étonnée. Elle mit sa tête sur l'épaule de Mini en affirmant :

« Désormais, nous serons

amis pour toujours, d'accord? »

Et Mini chuchota :

« D'accord! Pour toujours! C'est juré! »

À ces mots, Chloé sauta sur ses pieds et s'écria :

« Écoutez-moi tous ! »

Les enfants s'approchèrent, curieux. Chloé désigna Mini et Cornélia et déclara :

« Ces deux-là sont devenues amies !

— Pour toujours ! » ajouta Cornélia.

À ce moment-là, Mini releva son masque, enleva son voile et regarda Cornélia avec un sourire malicieux.

Cornélia resta bouche bée ! Elle ne put dire un mot.

Bien entendu, les autres enfants avaient reconnu Cornélia. Dans la classe, il n'y a qu'elle qui ait des bourrelets pareils ! Ils s'écrièrent tous en chœur :

« Bravo, Cornélia ! Fantastique ! Tu es enfin devenue raisonnable ! »

Quant à Cornélia, elle aurait préféré se mordre la langue plutôt que d'avouer qu'elle avait pris Mini pour Meyer. Tout le monde se serait moqué d'elle. Et ce sont justement ceux qui se moquent des autres qui aiment le moins qu'on se moque d'eux !

« Il faut bien finir par faire la paix un jour ! »

Mini et Cornélia ne sont pas devenues de grandes amies. Mini n'en a d'ailleurs pas envie. Mais, désormais, Cornélia la laisse tranquille et Mini se dit : « C'est l'essentiel ! »

Et Meyer, qui est guéri maintenant, ne se doute pas que sa maladie a finalement été bien utile !

Dans la même collection…

Mademoiselle Wiz,
une sorcière particulière.

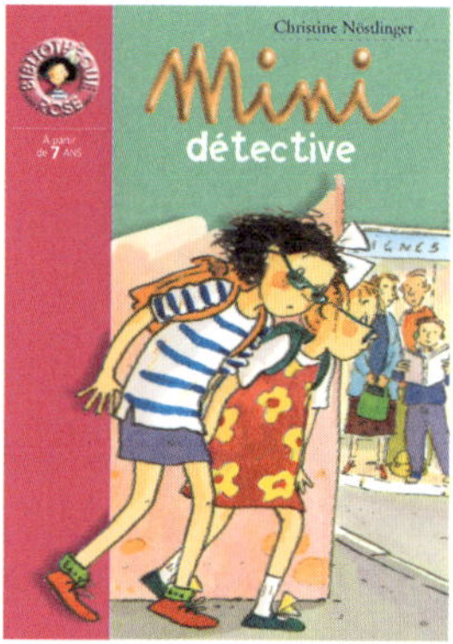

Mini, une petite fille
pleine de vie !

Fantômette,
l'intrépide
justicière.

Avec le Club des Cinq,
l'aventure est toujours
au rendez-vous.

Kiatovski,
le détective en baskets
qui résout
toutes les enquêtes.

Dagobert,
le petit roi
qui fait tout à l'envers.

Rosy et Georges-Albert,
le duo de choc
de l'Hôtel Bordemer

Avec Zoé,
le cauchemar devient
parfois réalité.

BIBLIOTHÈQUE ROSE

Imprimé en France par ***Partenaires-Livres*** ®
N° dépôt légal : 32599 – mars 2003
20.20.0243.04/4 ISBN : 2.01.200243.9